19마당 선한 싸움을 위한 편지

Letters for the Good Fight

소그룹 성경통독 _ 19마당 선한 싸움을 위한 편지

초판 1쇄 발행 2007년 6월 25일
2쇄 발행 2012년 10월 23일

지은이 · 조병호
펴낸곳 · 도서출판 **통독원**
주 소 · 서울시 서초구 서초동 1475-3
전 화 · 02)525-7794
팩 스 · 02)587-7794
홈페이지 · www.tongbooks.com
등 록 · 제22-2766호(2005.6.27)

ISBN 978-89-92247-11-5 04230
ISBN 978-89-92247-00-9 (전 20권)

소그룹 성경통독 19마당

선한 싸움을 위한 편지

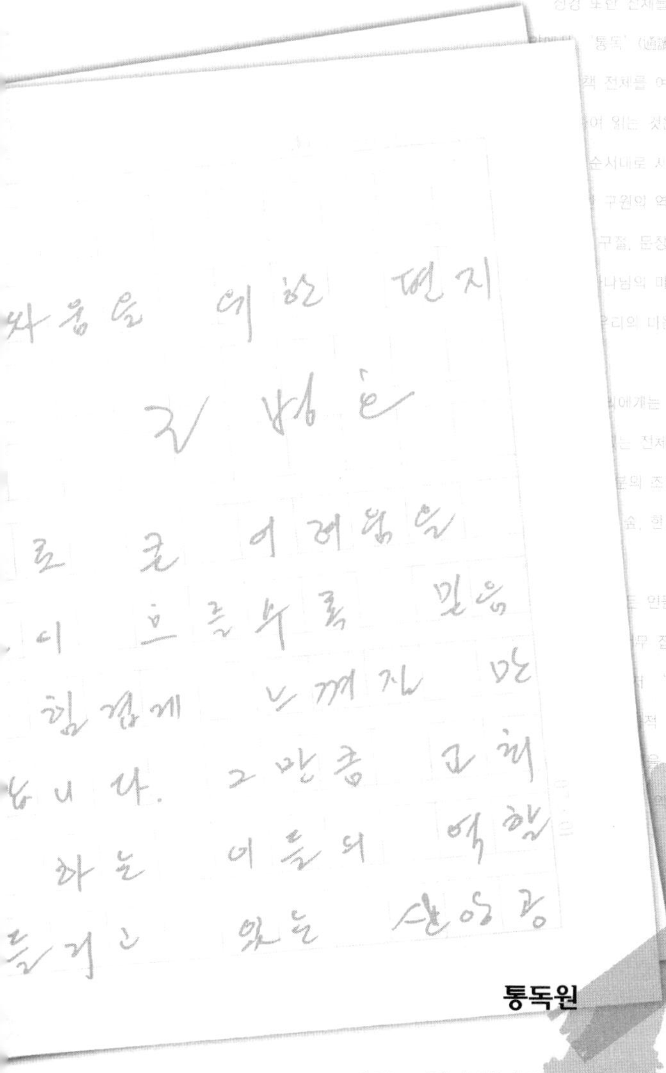

조병호

통독원

《소그룹 성경통독》을 펴내며

《소그룹 성경통독》 시리즈는 성경과 더욱 가까워지길 원하는 사람들을 위한 책입니다. 이 시리즈는 성경 66권 전체를 다루고 있으며, 시간 흐름에 따라 성경을 역사적 순서대로 재배열하여 체계적인 성경공부가 가능하도록 구성되어 있습니다.

이 책을 통해 세계를 경영하시는 하나님의 놀라운 섭리를 깨닫게 될 것이며, 그분의 말씀에 순종함으로써 삶의 현장 속에서 훌륭하게 쓰임 받았던 하나님의 사람들을 전인격적으로 만나게 될 것입니다.

여러분과 소그룹 구성원들이 이 책을 통해 성경을 통독하는 놀라운 기쁨을 새롭게 체험하길 바랍니다. 각 개인에게는 신앙의 견고성이 더해지고, 성도 간에는 깊은 교제가 이루어질 수 있도록, 본서는 구체적이고 실질적인 도움을 제공할 것입니다. 말씀을 사모하는 여러분에게 하나님께서 충만한 은혜와 지혜를 부어주시기 바랍니다.

목 차

이 책의 구성

《소그룹 성경통독》 시리즈의 전체 구성은 다음과 같습니다.
- 20개의 〈마당〉 : 성경 전체를 역사 순서대로 재배열하여 20개 마당으로 묶음.
- 66개의 〈숲이야기〉 : 한 마당은 2~4개의 〈숲이야기〉로 구성됨.
- 240개의 〈나무〉 : 소그룹 성경통독을 할 때, 1회의 분량으로 적절한 단위.

1. 소그룹 성경통독의 진행 순서

찬양과 기도 그날 통독본문의 주제와 어울리는 찬양을 함께 부른 후, 성경을 통독하는 가운데 하나님의 마음과 뜻을 깨달아 알 수 있는 지혜를 달라고 기도드립니다.

마음열기 〈나무〉의 내용 중에서 생각해 보아야 할 중요 주제에 대해, 먼저 일상적인 삶 속에서 꺼내어 볼 수 있는 이야기로 생각과 마음을 편하게 나눕니다.

함께읽기 전체 통독본문은 각자가 미리 읽어오는 것이 좋습니다. 그리고 소그룹 모임에서는 '함께 읽으면 좋은 성경 한 장'을 다같이 통독합니다. 합독이나 교독 등, 모든 참석자가 소리를 내어 함께 읽는 것이 좋습니다.

친해지기 그날 모여서 함께 읽은 성경 내용 중에서 쉽게 답을 찾아보고 상상해볼 수 있는 질문입니다. 성경과 친해지는 계기로 삼아보십시오.

말씀의 숲길로 부분이 아닌 전체로, 통전적 관점에서 성경을 보는 안목을 제시합니다. 글의 문맥을 따라가며, 하나님께서 역사하신 '그때 거기서'의 현장 속으로 들어가보십시오.

성경의 빈칸 채워 넣기 각 〈나무〉의 내용 중에서 중요 성경구절을 선별하여, 그 중 2-3개의 단어나 어절에 빈칸을 만들어 두었습니다. 전체 흐름상 그 빈칸에 들어갈 적절한 말이 무엇일지 스스로 생각해 답을 적어본 후, 정답을 확인해 보십시오. 소그룹 모임의 경우, 각자의 답과 왜 그렇게 생각했는지를 이야기하고, 함께 답을 찾아 읽어보는 것도 좋습니다.

보석찾기 본문 내용 전체를 살핀 뒤, 해당 〈나무〉에서 중요하게 다룬 성경의 내용을 확인해 둡니다.

마음나누기 해당 〈나무〉의 내용을 기초로 말씀을 삶 속에 적용해 보고, 실천의 방향을 함께 나누는 것입니다. 혼자의 경우는 생각해 적어보고, 소그룹 모임의 경우, 각자 적은 내용을 서로 나누도록 합니다.

기도 그날의 성경통독 모임을 통해 깨닫고 느낀 하나님의 마음, 그리고 그 말씀의 기반 위에서 함께 실천하기로 다짐해야 할 사항들을 생각하며 간절히 기도합니다.

2. 일곱 가지 팁

이 책에 실린 팁들은 일곱 가지 종류로 분류되어 있으며, 본문을 읽어가는 중에 참고하시면 성경에 대한 지식과 깊이 있는 이해를 더하는 데에 도움이 됩니다.

하나님의 계획 인간의 짧은 생각으로는 이해할 수 없는 하나님의 깊은 마음과 큰 계획을 소개합니다.

하나님의 사람들 영성과 사회성을 갖춘 하나님의 사람들과 그들이 만들어가는 믿음의 역사를 조명합니다.

리더십 하나님의 사람들이 보여주는 삶의 모범과 리더십의 면모들을 살펴봅니다.

메시지 성경의 사건과 인물들의 삶의 내용을 통해 말씀이 우리의 구체적 삶에 던지는 감동과 깨달음을 새겨봅니다.

지혜창고 성경은 한없는 지식과 지혜의 창고입니다. 성경을 통독해 갈 때에 도움이 될 만한 사항들과 지혜의 실마리들을 정리하여 실었습니다.

알아두기 성경을 통독해 갈 때에 알아두면 좋은 지식이나 정보 등을 담았습니다.

αΩ 원어해설 성경을 이해하는 데 핵심이 되는 단어들의 히브리어와 헬라어 원어의 뜻을 살펴봄으로써 더 깊은 성경 이해로 나아가도록 돕습니다.

19마당 둘러보기

예수님, 그리고 그분의 제자들을 통해, 예루살렘에는 과거 전통적 율법 해석을 따르는 유대인들과 예수를 믿는 그리스도인 유대인들 두 종류가 생겼습니다. 우리가 만나볼 시대의 역사적 현실은 바로 이 두 세력 간의 갈등이 극한으로 치닫는 현장입니다. 과거의 경험을 반추하지 않고 그저 맹목적으로 붙들기만 하면, 유대교처럼 껍질만 남는 인생이 되고 말 것입니다. 그 껍질을 깨는 기독교, 이 두 세력 간의 팽팽한 긴장감 속에서 예수 그리스도의 제자들은 선한 싸움을 싸워내고 있습니다. 비록 수많은 위험이 그들의 앞길에 놓여있다 하여도, 그렇게 복음을 위해 달려가는 인생이 참 지혜로운 삶임을 알고 있기에 더욱 힘을 내는 성도들, 그들을 향한 사도들의 진심어린 격려, 그들이 서로 마음으로 나누는 따뜻한 생명의 온기가 느껴집니다.

숲이야기 1

고인 전통, 움직이는 교회

히브리서, 야고보서

나무 226

움직이는 기독교

히 1-10장

찬양 **찬송가 –** 340장 · 구주 예수 의지함이
찬　양 – 유월절 어린 양의 피로

기도 이 시간, 말씀을 통독하는 가운데 하나님의 마음과 뜻을 깨달아 알 수 있도록 지혜를 주옵소서.

마음열기 이번 나무의 제목은 '움직이는 기독교' 입니다. 왜 기독교는 역동적으로 움직이고 있으며, 또 움직여야 한다고 생각합니까?

함께읽기 함께 히브리서 1장을 읽어봅시다.

친해지기 히브리서 1장에서는 구약의 선지자들과 예수님, 천사와 예수님을 비교하고 있습니다. 예수님을 묘사하는 구절을 3가지만 찾아 적어봅시다. [예. 만유의 상속자(2절)]

초기교회가 안팎으로 큰 어려움을 당하고 있습니다. 시간이 흐를수록 믿음을 지켜나가는 것이 힘겹게 느껴질 만큼 시대는 악해져 갑니다. 그만큼 교회에서 말씀을 전해야 하는 이들에게는 흔들리고 있는 신앙공동체를 다시 세우며 견고하게 이끌어 가야 할 책무가 지워져 있습니다. 히브리서 역시 그 책무를 감당하기 위해 땀 흘렸던 이들의 열매입니다.

αΩ 원어해설

클레로노모스 *κληρονόμος* : **후사** (히 1:2) / '클레로노모스'는 '제비'를 뜻하는 '클레로스'와 '할당된 것'이란 뜻을 지닌 '노모스'의 합성어이며, '상속자', '후계자'를 의미한다. 신약에서는 그리스도를 통해 하나님의 백성이 된 자를 가리킨다.

당시 예수님을 믿는 사람들 가운데에는 시대적 핍박과 고난으로 인해 마음이 조금씩 흔들리는 사람들이 있었습니다. 사람들이 예수님을 믿다가 자꾸 유대교로 되돌아갑니다. 로마 제국의 박해를 피해서 안정적으로 가려는 경향 때문이었습니다. 그렇다면 왜 유대교는 핍박받지 않는데, 기독교는 핍박을 받는가에 대해 생각해 보아야 합니다.

메시지

그리스도인 / 우리가 복음을 전파하는 것은 그것이 그리스도인의 의무이기 때문만은 아니다. 예수님을 제대로 선물받은 사람은 이 큰 선물을 또 다른 누군가에게 전하지 않을 수 없다. 유대인들은 선민의식에 붙들려 자신들만의 종교의식을 유지해나가는 것에 목적을 두었다. 그들은 결코 전도하지 않았다. 혹시 나는 '예수 믿는 유대인'은 아닌가? 그리스도인임을 하나의 특권으로 붙들고 진리의 복음을 나에게만 머물러두고 있지는 않은가? 예수님이라는 선물은 땅 끝까지 나누어야 할 가장 크고 소중한 선물이다.

유대교는 전통을 이야기하고, 기독교는 변혁을 이야기합니다. 유대교는 폐쇄적이고, 기독교는 개방적입니다. 유대교는 눈에 보이는 무엇이고, 기독교는 눈에 보이지 않는 무엇입니다. 유대교의 정체성은 모세, 율법, 성전, 제사장 등이고, 기독교의 정체성은 오직 예수 그리스도입니다. 유대교는 세상을 변화시킬 이유가 없기 때문에 '전도'하지 않고, 자기들끼리 회당 중심 공동체를 이루고 삽니다. 그러므로 유대교는 외부에 위협이 되지 않고, 그래서 박해받지 않습니다. 그러나 기독교는 세상을 변화시킬 의무가 있고, 세상

밖으로 나가기 위해 도전합니다. 그래서 기독교는 기존 틀에 위협이 되고 따라서 박해를 받을 수밖에 없었습니다.

유대교가 개혁되어야 하는 이유는 바로 세상을 향해 문을 닫았기 때문입니다. 그런데 기독교에는 로마뿐 아니라 온 세상을 바꾸겠다는 꿈이 있습니다. 그러니 썩고 부패한 자들의 입장에서 볼 때, 기독교는 위험한 존재입니다. 그래서 기독교는 위기에 처할 수밖에 없는 것입니다.

히브리서 기자는 유대인들 가운데 예수님을 믿기는 했는데 신앙이 깊어지지 못한 채 흔들리는 사람들을 위해서 기독교와 유대교를 비교해주고 있습니다. "과연 기독교가 뿌리가 없다고 생각하느냐? 과연 기독교가 유대교와 비교해서 오랜 역사와 전통도 없고, 진정한 생명력이 없다는 것이냐?"라는 질문을 던져 놓고 그 둘을 비교하는 것입니다. 소위 유대교의 유산들을 열거해 가면서 기독교와 비교합니다. 그리고 그 모든 유대교의 전통과 대비되는 기독교의 자랑은 '오직 예수' 뿐이라고 강조합니다.

지혜창고

히브리서가 묘사하는 그리스도 / 히브리서는 그리스도를 신인(神人), 예언자, 제사장, 왕으로 묘사하고 있다. 그분의 신성과 인성을 동등하게 강조하고 있으며, 사도와 대제사장, 중보자 등 20개가 넘는 직위를 사용하여 그분의 속성과 성취를 설명하고 있다.

유대교의 선지자와 예수님 / 히 1:1-2

구약의 선지자들이 이스라엘 백성들에게 영향력을 주면서 때를 따라 말씀을 전했지만, 그 선지자들의 말씀은 완결된 말씀이 아니었습니다. 그런데 하나님의 아들 예수님을 통해 하나님의 말씀과 그분의 사랑은 완성되었습니다.

천사와 예수님 / 히 1:4-14

천사는 유대인들이 익숙히 알고 있는 존재입니다. 바로 그 천사보다도 훨씬 뛰어나신 분이 예수님이라고 선언합니다.

모세와 예수님 / 히 3:1-6

모세는 유대인들에게 위대한 지도자이자 스승으로 존경받고 있습니다. 그러나 모세는 하나님의 집의 종이었고, 더 위대한 분은 그 집을 지으신 분입니다. 예수 그리스도는 바로 그 집의 건축가이자 그 집의 주인입니다.

여호수아와 예수님 / 히 4:8-11

여호수아가 오랜 타향살이와 광야 시대를 마무리하고, 이스라엘을 가나안으로 인도하였다고 해서 그들이 진정한 안식을 누린 것은 아니었습니다. 그러나 예수님 안에서는 우리의 수고로운 짐들을 내려놓고 참된 쉼을 누릴 수 있습니다.

정통성 있는 제사장과 예수님 / 히 4:14-8장

하나님께서는 레위 서열의 제사장들보다 아브라함을 축복한 멜기세덱을 더 높이셨습니다. 그 멜기세덱의 서열을 따른 예수님은 율법을 초월하고, 그 권위보다 높으신 분입니다.

성전과 예수님 / 히 9장

예수님은 손으로 짓지 아니한 더 크고 온전한 장막, 즉 하늘의 성소에서 죄인들을 위하여 당신의 피를 속죄 제물로 단번에 드린 분이십니다.

지혜창고

아브라함과 믿음 / 믿음 있는 사람의 대표적인 인물은 아브라함이다. 믿음의 기준은 아브라함으로부터 시작되었다고 해도 지나친 말이 아니다. 하나님은 아브라함을 의롭다고 하셨다(창 15:6). 그것은 다름 아니라 아브라함이 하나님을 믿었기 때문이었다.

이스라엘 백성들은 애굽을 탈출하여 광야에서 고난을 받으며 지냈지만 결국 가나안에 들어가지 못했다. 바로 이 믿음이 없었기 때문이라고 히브리서 3장은 말하고 있다(히 3:19).

지혜창고

언약의 보증 / 멜기세덱은 아브라함을 축복함으로 역사의 한 페이지를 장식했다(창 14장). 그가 한 일은 전쟁을 치르고 돌아오는 아브라함을 위해 복을 빈 것이었다. 그리고 그 축복은 아브라함에게 그대로 실현되었다. 그런데 그 멜기세덱보다 더 좋은 언약의 보증이 있다. 그분은 바로 예수님이시다(히 7장).

메시지

완전한 제사장 그리스도 / 히브리서는 예수님을 구약의 제사 전통과 비교하며 설명하고 있다. 구약성서에 나타난 제사 제도는 신약 시대 예수 그리스도를 통해 이루어질 구원사역의 '모형'이다. 구약의 제사와 제사장 제도, 그 외에 눈에 보이는 수많은 내용들은 영원한 구원을 이루어주지 못한다. 그러나 완전한 구원을 베푸시는 예수 그리스도께서 오셔서 고난 당하는 우리와 함께 고난을 당하시고, 시험을 받는 우리 곁에서 함께 시험을 받아 주시는 가운데 영원한 승리를 안겨 주셨다.

제사와 예수님 / 히 10:1-18

이전의 대제사장들은 절기 때마다, 백성들의 요구가 있을 때마다 제사를 드렸으나, 예수님은 단 한 번에 온 인류의 죄를 속하는 제사를 드리셨습니다.

> "그러므로 형제들아 우리가 예수의 (   )를 힘입어 성소에 들어갈 담력을 얻었나니 그 길은 우리를 위하여 휘장 가운데로 열어 놓으신 새로운 살 길이요 휘장은 곧 그의 육체니라 또 하나님의 집 다스리는 큰 (   )이 계시매 우리가 마음에 뿌림을 받아 악한 양심으로부터 벗어나고 몸은 맑은 물로 씻음을 받았으니 참 마음과 온전한 (   )으로 하나님께 나아가자" 히 10:19-22

이처럼 조목조목 비교해보니 예수님 한 분만으로도 모든 것을 다 포괄할 수 있는 것입니다. 선지자들은 예수 그리스도를 지향하며 천사들은 예수님의 종입니다. 모세와 여호수아도 예수님의 종입니다. 또 이들은 가나안으로의 여정과 정복을 담당하였는데, 예수님은 영원한 천국을 건설하셨습니다. 제사장이 하는 제사 행위는 죄를 생각나게 하는 것인 반면, 예수님은 죄를 용서하는 길을 여신 분입니다. 이렇게 비교하면서 기독교가 유대교에 비해 열등한 게 아니며 유대교는 모형에 불과하고, 기독교가 실상이며 근본이라는 이야기를 하는 것입니다.

보석찾기 ○ ● ●

유대교와 기독교를 비교하는 내용을 히브리서 9장과 10장 1-18절에서 두 가지만 찾아 적어봅시다.

마음나누기 ○ ● ●

예수님께서 고난 받으셨기 때문에 그분은 고난 받는 자들을 위로하실 수 있습니다.[히 4:15-16] 당신이 가진 고난의 경험이 주변 사람들을 이해하고 위로하는 데 도움이 되었던 적이 있습니까?

기도 ○ ● ●

영원부터 영원까지 계시는 하나님, 존귀하신 예수님의 희생의 대속으로 말미암아 영원한 안식에 들어가게 되었음을 감사드립니다. 연약한 저희들에게 이 세상의 시험과 유혹을 극복할 수 있는 힘을 주시고, 이 땅을 진리의 복음으로 변화시켜 갈 수 있는 굳센 믿음을 허락하여 주옵소서.

나무 227

삶으로 증거 되어야 할 이름, 예수

히 11-13장

찬양 **찬송가 –** 344장 · 이 눈에 아무 증거 아니 뵈어도
찬　양 – 보혈을 지나 하나님 품으로

기도 이 시간, 말씀을 통독하는 가운데 하나님의 마음과 뜻을 깨달아 알 수 있도록 지혜를 주옵소서.

마음열기 당신이 지금까지 생각해왔던 '믿음' 이란 단어의 의미는 무엇이었습니까?

함께읽기 함께 히브리서 11장을 읽어봅시다.

친해지기 히브리서 11장에 등장하는 믿음의 사람들 가운데 다섯 사람만 찾아 이름을 적어봅시다.

말씀의 숲길로 ○●●

히브리서 11장은 '믿음'이라는 주제로 이스라엘의 역사를 정리하고 있습니다. 다시 말해, 기쁨과 슬픔, 고난과 영광이 교차하는 삶의 여정 가운데서도 하나님을 향해 흔들림 없는 신뢰와 아름다운 믿음을 지켰던 증인들의 역사를 정리한 것입니다.

"믿음으로 이삭은 장차 있을 일에 대하여 야곱과 에서에게 축복하였으며 믿음으로 야곱은 죽을 때에 요셉의 각 아들에게 축복하고 그 지팡이 머리에 의지하여 경배하였으며 믿음으로 요셉은 임종시에 이스라엘 자손들이 떠날 것을 말하고 또 자기 뼈를 위하여 명하였으며 믿음으로 모세가 났을 때에 그 부모가 아름다운 아이임을 보고 석 달 동안 숨겨 왕의 명령을 무서워하지 아니하였으며" 히 11:20-23

αΩ 원어해설

피스티스 *πίστις*
: 믿음 (히 11:1) / '피스티스'는 사람이 가지는 확신뿐만 아니라 '신뢰할 수 있음', '의지할 수 있음'을 의미한다. 또한 '피스티스'는 신뢰의 가능성을 보장하는 보증, 증거, 증명, 신실성, 신뢰성, 엄숙한 약속, 서약, 신뢰, 확신 등을 의미한다(마 11:22; 히 6:1).

이처럼 멋진 믿음의 증인들의 신앙은 오늘 우리에게도 귀한 모범으로 남아 있습니다. 그럼에도 불구하고 이 모든 믿음의 증인들을 모두 모아놓은 것보다 더 뛰어나신 분은 예수님이십니다. 그분은 믿음의 최고 모범이요, 언약의 최종 완성자이시기 때문입니다.

"이 사람들은 다 믿음으로 말미암아 증거를 받았으나 약속된 것을 받지 못하였으니 이는 하나님이 우리를 위하여 더 좋은 것을 예비하셨은즉 우리가 아니면 그들로 온전함을 이

루지 못하게 하려 하심이라" 히 11:39-40

히브리서 저자는 그러므로 유대교가 아닌 기독교가 진리이며 고난과 박해를 받는 것이 당연하다고 이야기합니다. 더 나아가 진실로 감사한 것은, 이 선한 싸움은 혼자 싸우는 것이 아니고 우리의 연약한 무릎을 일으켜 세우시는 예수 그리스도와 함께 싸우는 것이며 수많은 믿음의 증인들이 함께 한다는 것입니다.

"그러므로 피곤한 손과 연약한 무릎을 일으켜 세우고 너희 발을 위하여 곧은 길을 만들어 저는 다리로 하여금 어그러지지 않고 고침을 받게 하라" 히 12:12-13

가끔씩 우리는 홀로 믿음의 길을 걸어가고 있다고 생각하며 외로움에 젖을 때가 있습니다. 그러나 고개를 들어보면, 밤하늘에 수많은 별들이 변함없이 반짝이듯, 우리 곁에는 수많은 믿음의 경주자들이 동일한 싸움을 하고 있는 것을 발견하게 됩니다.

"이러므로 우리에게 (   ) 같이 둘러싼 허다한 증인들이 있으니 모든 무거운 것과 얽매이기 쉬운 죄를 벗어 버리고 인내로써 우리 앞에 당한 경주를 하며 믿음의 주요 또 온전하게 하시는 이인 (   )를 바라보자 그는 그 앞에 있는 기쁨을 위하여 (   )를 참으사 부끄러움을 개의치 아니하시더니 하나님 보좌 우편에 앉으셨느니라"
히 12:1-2

또한 주님은 우리가 달리고 있는 경주가 얼마나 쉽지 않은지 잘 아십니다. 왜냐하면 주님께서 먼저 그 길을 가셨기 때문입니다. 예수 그리스도는 장래의 영광을 바라보며 자기 앞에 놓인 부끄러움과 십자가를 참아내셨습니다. 가는 길이 힘들고 외롭다고 느껴질 때, 먼저 그 길을 걸어가신 그리스도를 묵상하면 그분께서 친히 우리가 당하는 고난의 순간에 힘이 되어주실 것입니다.

"우리가 믿는 도리의 사도이시며 대제사장이신 예수를 깊이 생각하라" 히 3:1

예수님을 깊이 생각한다는 것은 무엇을 의미합니까? 그것은 믿음의 삶을 의미합니다. 믿음이란 눈에 보이는 것만이 전부가 아니고, 그 뒤에 하나님의 말씀이 있다는 사실을 인정하는 것입니다. 히브리서는 이 믿음을 강조하고 있습니다.

"믿음은 바라는 것들의 실상이요 보이지 않는 것들의 증거니 선진들이 이로써 증거를 얻었느니라" 히 11:1-2

"믿음이 없이는 하나님을 기쁘시게 하지 못하나니 하나님께 나아가는 자는 반드시 그가 계신 것과 또한 그가 자기를 찾는 자들에게 상 주시는 이심을 믿어야 할지니라" 히 11:6

믿음은 성경의 인물들이 그의 삶을 경영해 가는 용기였습니다. 그들은 믿음이 있었기에 눈에 보이는 것을 두려워하기

▶ 리더십

믿음과 순종 / 믿음과 순종, 이 두 단어는 불가분의 관계에 있다. 성경 역사의 긴 숲에서 볼 때 하나님의 말씀을 믿고 고난의 자리에 선 사람들에게 하나님께서 주실 안식을 기억하며 악한 시대에 굴하지 말 것을 당부하는 내용이 히브리서에서도 다시 반복되고 있다.
순종은 그저 주어지거나 대가 없이 얻을 수 있는 성질의 것이 아니다. 순종은 고된 고난의 과정을 거치며 얻게 되는 정련(精練)의 결과물이다. 예수님도 하나님의 아들이셨지만 이 땅에 사시는 가운데 고난의 길을 걸으며 십자가를 지는 순종의 결단을 하셨다. 그리고 그 주님이 바로 믿음의 사람들의 구원자가 되셨다.

보다는 하나님의 말씀을 두려워했고, 말씀에 대한 그들의 순종은 하나님의 놀라운 역사로 열매 맺게 된 것입니다.

배교의 유혹과 협박을 이겨내려 애쓰는 신앙인들에게 권면과 격려를 주는 긴 서신은 예수님을 따르는 자들에게 견디기 어려운 고난의 끝에는 부활의 승리가 있을 것이라는 소망의 말씀과 당부로 끝을 맺고 있습니다.

"너희가 참음은 징계를 받기 위함이라 하나님이 아들과 같이 너희를 대우하시나니 어찌 아버지가 징계하지 않는 아들이 있으리요 징계는 다 받는 것이거늘 너희에게 없으면 사생자요 … 무릇 징계가 당시에는 즐거워 보이지 않고 슬퍼 보이나 후에 그로 말미암아 연단 받은 자들은 의와 평강의 열매를 맺느니라" 히 12:7-11

보석찾기 ○ ● ●

히브리서 11장 13-16절과 33-40절에는 믿음의 증인들의 삶 속에 나타나는 공통점이 설명되고 있습니다. 그 공통점들 가운데 3가지만 찾아 적어봅시다.

마음나누기 ○ ● ●

수많은 믿음의 선배들, 허다한 증인들이 있습니다. 당신의 멋진 경주를 위하여 그들이 치고 있는 박수 소리를 듣고 있습니까? 앞으로 남은 경주에 임하는 힘찬 각오를 한 마디씩 적고 나눠봅시다.

기도 ○ ● ●

믿음의 주요 온전케 하시는 주님, 자신을 한없이 낮추시고 죽기까지 순종하신 주님을 본받게 하옵소서. 또한 앞서간 믿음의 증인들처럼 모든 환경을 극복하는 삶을 살며, 확신과 소망을 가지고 담대히 믿음의 경주를 달리게 하옵소서.

나무 228

행함, 믿는 자의 움직임

약 1-5장

찬양

찬송가 – 379장 · 주의 말씀 듣고서
찬 양 – 우리가 간직해야 할

기도

이 시간, 말씀을 통독하는 가운데 하나님의 마음과 뜻을 깨달아 알 수 있도록 지혜를 주옵소서.

마음열기

바울과 야고보를 비롯한 당시 하나님의 사람들은 믿음과 행함의 관계에 갈등이 없었습니다. 당신의 경우는 어떻습니까?

함께읽기

함께 야고보서 2장을 읽어봅시다.

친해지기

로마서와 갈라디아서는 오직 믿음으로 구원을 얻는다고 강조합니다. 그렇다면, 야고보서는 믿음과 행함의 관계에 대해 무엇이라고 이야기하고 있습니까?

말씀의 숲길로 ○●●

야고보서를 비롯한 공동서신의 역사적 배경에는 큰 박해가 전제되어 있습니다. 박해받는 상황에서는 예수 그리스도를 부인하려는 배교의 유혹이 늘 존재합니다. 그런 시대 상황 가운데서는 신앙을 잃지 않고 끝까지 인내하는 믿음, 곧 실천하는 믿음이 필요했습니다.

야고보는 여러 곳에 흩어져 박해를 받고 시험을 당하고 있는 성도들에게 그 고난을 기쁘게 여기라고 말합니다. 야고보도 사도 바울처럼 믿음의 시련이 인내를 만들고, 고난도 복임을 아는 사람인 것입니다.[약 1:2-4]

야고보 사도는 많은 박해와 시련을 겪는 이들에게 하나님께서 생명의 면류관을 주시리라는 희망의 약속을 확인시켜주고 있습니다.

"시험을 참는 자는 복이 있나니 이는 시련을 견디어 낸 자가 주께서 자기를 사랑하는 자들에게 약속하신 생명의 면류관을 얻을 것이기 때문이라"[약 1:12]

야고보서는 "행함이 없는 믿음은 죽은 믿음"이라고까지 말하면서 행함을 강조합니다. 이러한 내용은 언뜻 보기에 로마서나 갈라디아서에서 말했던 '오직 믿음으로 구원을 받는다'는 말씀과 상반되는 것 같습니다. 그러나 신약성경, 나아

하나님의 사람들

야고보 / 야고보서의 저자 야고보는 예수님께서 태어나신 후에 요셉과 마리아 사이에 태어난 예수님의 남동생이다. 그는 예수님께서 부활하셔서 자신에게 직접 나타나시기 전까지는 예수님의 말씀을 받아들이지 않았다(고전 15:7). 야고보와 그의 형제들은 오순절날 성령의 오심을 간절히 소망하던 성도들 중에 있었다(행 1:14). 곧 야고보는 예루살렘교회의 존경받는 지도자가 되었다. 예루살렘 공의회에서는 중심인물로 나온다(행 15장).

가 성경 전체의 숲에서 보면 결코 그렇지 않습니다.

바울은 예수 그리스도의 복음을 안으로 받아들이라고 가르칩니다. 반면에 야고보는 복음을 밖으로 나타내라고 가르칩니다. 바울은 신앙의 근원을 말합니다. 야고보는 신앙의 결실에 대해 말합니다. 이미 구원받은 성도들에게 신앙의 열매로써 행함을 보이라고 말하는 것이지요. 한마디로 지식에 그친 믿음을 경고하는 것입니다. 믿음이 있다고 하면서 믿음에 따른 행위가 없는 사람들을 대상으로 이 글을 썼다고 보면 됩니다.

> "내 형제들아 만일 사람이 믿음이 있노라 하고 (　　　　　) 이 없으면 무슨 유익이 있으리요 그 믿음이 능히 자기를 구원하겠느냐 만일 형제나 자매가 헐벗고 일용할 (　　　　　) 이 없는데 너희 중에 누구든지 그에게 이르되 평안히 가라, 덥게 하라, 배부르게 하라 하며 그 몸에 쓸 것을 주지 아니하면 무슨 유익이 있으리요 이와 같이 행함이 없는 믿음은 그 자체가 (　　　　　) 것이라" 약 2:14-17

물론, 행함이 우리를 구원하지는 않습니다. 그러나 행함으로 그의 믿음을 알 수 있습니다. 왜냐하면 믿음이 행함과 함께 일하고, 행함으로 믿음이 온전케 되기 때문입니다.

"네가 보거니와 믿음이 그의 행함과 함께 일하고 행함으로 믿음이 온전하게 되었느니라" 약 2:22

우리는 예수님의 삶과 사역을 머리로만 알아서는 안 될 것입니다. 예수님께서 눈물과 피땀을 쏟으며 걸어가신 십자가의 길이 있듯, 그를 따르는 자들에게도 역시 삶의 구체적인 자취가 있어야 합니다.

지혜창고

말조심 / 야고보서의 숲에서 보면 경건은 입술에서부터 시작된다. 말은 마음을 담는 그릇이다. 마음에 있는 악한 생각은 다른 사람을 비방하는 말로 나타나고, 악한 말은 형제와 다투는 이유가 된다.

아무리 뜨겁고 순수한 믿음으로 출발했다고 해도 불완전한 사람들이 모인 곳이기에 교회는 문제를 안고 있을 수밖에 없습니다. 또한 교회의 성도 간에 같은 믿음을 가지고 있다 하더라도 서로 크고 작은 갈등이 있을 수 있습니다. 우리 그리스도인들은 믿음으로 구원받고 은혜 안에서 살아가는 것일 뿐, 모든 것을 완벽하고 성숙하게 해 나갈 수 있는 것은 아니기 때문입니다.

야고보서는 이 모든 갈등과 문제를 잘 이겨내고 서로 이해와 사랑으로 승리할 것을 권면하고 있습니다. 급변하는 사회 속에서 당면하는 시대적 문제에 성도들이 어떻게 대처해야 하는지를 가르쳐 줍니다. 지식으로만 아는 믿음이 아니라 말씀에 기초한 생활의 열매를 맺어 가는 성숙한 성도가 되어야 함을 일러주고 있습니다.

알아두기

여러 명의 야고보	
첫 번째 야고보	가룟인 아닌 유다의 아버지 야고보는 성경에 2번 언급되어 있는데(눅 6:16; 행 1:13), 열두 제자 중 한 명의 아버지로서 그 이상은 알려진 게 없음.
두 번째 야고보	알패오의 아들 야고보(마 10:3; 막 3:18; 눅 6:15; 행 1:13)는 작은 야고보(막 15:40)라고도 불렸는데, 예수님의 열두 제자 중의 한 명이다. 다른 제자들과 같이 나올 때를 제외하고는 이 야고보에 대해 알려진 것이 없다.
세 번째 야고보	세베대의 아들로 요한의 형제 야고보(마 4:21; 10:2; 17:1; 막 3:17 등)는 예수님과 친했던 제자 중 한 명인데, 그는 주후 44년에 순교했다(행 12:2).
네 번째 야고보	예수님의 형제 야고보(마 13:55; 막 6:3; 갈 1:19)는 예루살렘 교회의 '기둥' 중 한 사람이었다(행 12:17; 15:13~21; 21:18; 갈 2:9, 12). 전승에 따르면 이 야고보가 야고보서를 썼다.

"너희 중에 지혜와 총명이 있는 자가 누구냐 그는 선행으로 말미

암아 지혜의 온유함으로 그 행함을 보일지니라 그러나 너희 마음속에 독한 시기와 다툼이 있으면 자랑하지 말라 진리를 거슬러 거짓말하지 말라 … 오직 위로부터 난 지혜는 첫째 성결하고 다음에 화평하고 관용하고 양순하며 긍휼과 선한 열매가 가득하고 편견과 거짓이 없나니 화평하게 하는 자들은 화평으로 심어 의의 열매를 거두느니라" 약 3:13-18

야고보는 믿음과 더불어 행함의 중요성을 계속 강조하였습니다. 말뿐인 섬김과 사랑은 이웃에게 아무런 도움도 줄 수 없으며, 행함 없는 그리스도인은 이 세상에서 아무런 빛도 향기도 낼 수 없기 때문입니다.

공동서신의 말씀은 오늘을 사는 그리스도인들에게도 동일한 믿음을 요구합니다. 이 세상의 풍파에 떠밀려 다니는 인생이 아닌, 굳건한 믿음과 구체적 실천을 겸비한 그리스도인들, 이들로 말미암아 오늘 이 땅에 하나님의 나라가 임하는 것입니다.

보석찾기 ○ ● ●

야고보는 믿음으로 지혜를 구하라는 것약 1:5과 우리 혀를 조심하라약 3:1-12는 당부를 합니다. 그 당부의 구체적인 내용들을 찾아 요약하여 적어봅시다.

마음나누기 ○ ● ●

기독교 역사 속에서 본이 되었던 인물들, 혹은 주변 사람들 가운데 믿음과 행함이 겸비되어 있다고 판단되는 한 사람을 선택해서 그 사람에 관해 이야기해 봅시다.

기도 ○ ● ●

사랑의 하나님, 우리를 위하여 십자가를 지셨던 예수님의 사랑을 생각합니다. 그 크신 은혜를 입은 저희들이 그 사랑과 희생을 본받지 못하고, 말로만 사랑하고 생각으로만 십자가를 졌던 것을 용서하여 주소서. 저희도 남을 섬기며, 남을 위해 희생할 수 있는 사랑의 실천자가 되게 하여 주소서.

숲이야기 2

인내를 통한 소망의 성숙

베드로전 · 후서, 유다서

나무 229

소망의 반석

벧전 1-5장

찬양 **찬송가 –** 539장 · 이 몸의 소망 무엔가
찬　양 – 산과 시내와 붉은 노을과

기도 이 시간, 말씀을 통독하는 가운데 하나님의 마음과 뜻을 깨달아 알 수 있도록 지혜를 주옵소서.

마음열기 당신이 붙들고 사는 '삶의 소망'이 있다면 무엇입니까? 어떤 어려움과 고통 속에서도 삶의 이유를 찾게 되는 '소망의 근거'는 무엇입니까?

함께읽기 함께 베드로전서 1장을 읽어봅시다.

친해지기 베드로는 소아시아 성도들에게 고난 중에도 소망을 갖고 기뻐하라고 권면합니다. 베드로는 이 소망을 근거로 그리스도인의 바른 삶의 행실을 열거합니다. 그것들은 무엇입니까?

AD 60년대 중반, 네로 황제가 로마 화재 사건의 책임을 그리스도인들에게 전가하면서 기독교 박해가 급속히 가중되었습니다. 박해는 형언할 수 없으리만큼 잔인하고 가혹하게 진행됩니다. 이런 상황 속에서 베드로는 교회의 장래를 염려하지 않을 수 없었습니다.

베드로의 편지는 고난과 핍박을 견디고 있는 성도들에게 힘과 격려를 주는 말로 시작하고 있습니다.[벧전 1:3-12] 고난은 성도들에게 분명 감당하기 어려운 일이지만, 동시에 믿음을 더욱 강하게 만들기도 합니다. 소망에는 인내가 필요합니다. 내일이 있는 사람에게는 인내가 필요한 것입니다. 미래에 대한 강한 소망과 비전이 있는 사람에게는 현재의 시련과 고난을 오히려 기쁨으로 바꿔낼 수 있는 힘이 있습니다.

베드로는 이 사실을 강조하며 소아시아 교회를 향해 예수님 안에서의 소망을 이야기합니다. 시험과 근심은 잠깐이지만 예수님께서 다시 오시는 날, 그들에게 주어질 칭찬과 영광과 존귀는 그 모든 괴로움을 상쇄할 것이라고 말입니다. 그는 소아시아 교회 성도들에게 우리가 소망 중에 살자, 여차여차한 박해에 대해서 인내하자라고 권합니다. 이것들은 잠깐의 시련과 시험일 뿐이기 때문입니다.

"그러므로 너희가 이제 여러 가지 시험으로 말미암아 잠깐

하나님의 사람들

베드로 / 베드로는 예수님의 수제자였다. 예수님이 계실 당시에는 제자들 중 반장이었다. "주는 그리스도시요, 살아계신 하나님의 아들이시나이다"라는 신앙고백을 했다. 이름의 뜻은 '반석'이다.
예수님을 부인해 본 적이 있다. 그리고 재신임을 받는다. 나중에 그는 "사랑은 허다한 죄를 덮느니라"(벧전 4:8)라고 고백한다. 예수님께서 그의 모든 죄를 덮어주신 경험이 있었기 때문이다. 고넬료와의 관계에서 벽을 넘었던 베드로, 그는 이방인과 선민의 벽을 넘게 하는 데 일조하였고, 초기교회의 지도자가 되었다.

(　　　　　)하게 되지 않을 수 없으나 오히려 크게 기뻐하는도다 너희 믿음의 확실함은 불로 연단하여도 없어질 (　　　　　)보다 더 귀하여 예수 그리스도께서 나타나실 때에 (　　　　　)과 영광과 존귀를 얻게 할 것이니라" 벧전 1:6-7

엄청난 핍박과 고난 속에서도, 베드로는 성도들에게 오히려 진심으로 기뻐하라고 말합니다. 시련의 기간은 그때가 지난 후에 있을 영원한 즐거움에 비교가 되지 않습니다. 또한 이 시련의 시간은 믿음을 평가하는 시험이자, 훈련의 과정입니다. 이 과정으로 인해 우리는 좀더 단련되고 성숙해지기에 기뻐할 수 있는 것입니다.

이와 더불어 베드로 사도는 예수님께서 다시 오시는 그날까지, 마음의 허리를 동이고 근신하며 거룩하게 살아야 한다고 당부합니다.

"그러므로 너희 마음의 허리를 동이고 근신하여 예수 그리스도께서 나타나실 때에 너희에게 가져다주실 은혜를 온전히 바랄지어다 너희가 순종하는 자식처럼 전에 알지 못할 때에 따르던 너희 사욕을 본받지 말고 오직 너희를 부르신 거룩한 이처럼 너희도 모든 행실에 거룩한 자가 되라 기록되었으되 내가 거룩하니 너희도 거룩할지어다 하셨느니라" 벧전 1:13-16

메시지

고난과 소망 / 베드로는 베드로전·후서에서 '고난'과 '소망'을 묶어서 이야기한다. 고난 가운데 내일의 영광을 생각할 때 지혜가 나온다. 고난 속에서 성숙해지고, 영광 중에서 교만하지 않고, 축복 속에서 발전될 가능성을 갖자. 고난 가운데서 행동을 절제하고 참고 인내할 수 있어야겠다. 그리고 영광 가운데서도 사명, 눈물, 땀, 고통, 고난을 생각할 수 있어야겠다.

베드로는 예수 안에서의 소망을 근거로 그리스도인의 바른 삶의 자세에 대해 이야기합니다.

사랑하라 / 벧전 1:22; 4:8

베드로는 성도들에게 한 식구처럼 서로 융화하고, 겸손한 마음으로 서로 사랑하고 축복하라고 가르칩니다. 원수까지도 사랑하라는 그분의 말씀, 그것은 오직 하나님의 사랑으로만 설명됩니다. 죽을 수밖에 없는 우리를 위해 대신 죽으신 예수님의 그 크신 사랑을 이미 받았기에 우리는 그분의 사랑에 빚진 자들입니다.

선한 모범을 보이라 / 벧전 2:9; 2:12

먼저 은혜 입은 자들이 빚진 마음과 책임을 가지고 제사장의 역할을 감당해야 합니다. 먼저 구원을 얻었다고 세상과 완전히 분리되어 자기들만의 울타리 안에 갇혀 살 것이 아니라, 하나님의 통치 가운데 있는 이 세상의 제도와 사회법 가운데서도 주의 계명을 지키며 '자유한 종'으로 살아가야 할 책임이 그리스도인들에게 있습니다.벧전 2:16

말을 조심하라 / 벧전 3:10-11

한 마디 말로 천 냥 빚도 갚을 수 있고 사람의 목숨을 앗아갈 수도 있습니다. 인생을 살아가면서 복을 받는 비결 중 하나가 입술의 말을 잘 다스리는 것입니다. 베드로는 다른 사람의 허물을 들추어내는 말보다는 축복하고 칭찬하는 말을 하고, 시기와 다툼보다는 화평과 긍휼로 의의 열매를 맺는 삶을 살라고 권합니다.

지혜창고

그리스도의 편지 / 바울 사도는 말한 바 있다. "너희는 그리스도의 편지라"(고후 3:3). 베드로, 요한, 야고보 등이 바로 예수님의 편지였다. 또 오늘 우리가 바로 그리스도의 편지이다.

αΩ 원어해설

프레스뷔테로스
πρεσβύτερος : **장로** (벧전 5:1) / 이 단어는 처음에는 다른 이들과 비교하여 '더 늙은', '손위의'란 뜻을 나타내었고 여기서 나아가 '노인'이란 의미로 사용되었다. 이 단어는 중요함과 존경받음이라는 뜻을 함축하고 있다. 사회질서에 있어서 노인들은 그들의 경험과 지혜 때문에 존경과 권위를 부여받았다. 초기교회에서 장로는 교회의 영적 지도자로서 교회의 행정과 관리는 물론 신자들의 교육을 담당하였다.

메시지

잠깐의 고통일 뿐 / 베드로는 박해는 잠깐 있는 고통이라고 보았다. 베드로는 성도들에게 박해를 참고 인내하며 견디라고 권면한다. 무엇보다도 강조하는 것은 맹렬한 시련 앞에서 두려움과 염려에 빠지기보다는, 오직 기도와 간구로 하나님을 의지해야 한다는 것이다. 박해를 이길 수 있는 힘은 오직 하나님으로부터 주어지는 것이기 때문이다.

양 무리의 본이 되라 / 벧전 5:3

교회에서 봉사하는 모든 이들이 갖추어야 할 자세는 첫째, 억지로 하지 않고 자원하는 마음으로 하며, 둘째, 더러운 이득을 위해서 하지 말고, 기꺼이 즐거운 마음으로 하는 것입니다. 마지막으로 베드로는 함께 교회의 일을 맡은 자들이 서로 자신의 주장만 내세우는 자세를 취하지 말고 오직 양 무리의 본이 되라고 말합니다. 서로를 위해 겸손한 자세를 취하는 것은 온 공동체를 하나 되게 하는 가장 좋은 방법입니다.

그리스도인은 상황에 따라 흔들리지 않고 믿음을 지켜가는 사람입니다. 편안할 때나 고난이 있을 때나 언제든지 믿음으로 사는 사람입니다. 하나님께서 그의 능력으로 언제나 지켜주십니다. 그래서 산 소망을 가지고 살아갑니다. 그래서 시련 중에서도 기뻐할 수 있습니다.

"사랑하는 자들아 너희를 연단하려고 오는 불 시험을 이상한 일 당하는 것 같이 이상히 여기지 말고 오히려 너희가 그리스도의 고난에 참여하는 것으로 즐거워하라 이는 그의 영광을 나타내실 때에 너희로 즐거워하고 기뻐하게 하려 함이라 너희가 그리스도의 이름으로 치욕을 당하면 복 있는 자로다 영광의 영 곧 하나님의 영이 너희 위에 계심이라" 벧전 4:12-14

보석찾기 ○ ● ●

구원받은 그리스도인에 대해 베드로는 무엇이라고 말하는지 베드로전서 2장 9-10절에서 찾아 적어봅시다.

마음나누기 ○ ● ●

"사랑은 허다한 죄를 덮는다"고 말합니다.벧전 4:8 당신은 이웃의 허물을 당신의 사랑으로 덮어 본 적이 있습니까?

기도 ○ ● ●

소망의 하나님, 우리가 비록 이 세상 가운데 살고 있지만, 우리가 가야 할 본향은 천국임을 압니다. 하늘나라에 속한 백성다운 삶을 살아갈 수 있도록 교훈하시며, 어떠한 고난 속에서도 소망 중에 인내하며 믿음으로 승리하게 하옵소서.

나무 230

거짓 교훈을 물리쳐라

벧후 1-3장

찬양 **찬송가 –** 390장 · 십자가 군병들아
찬　양 – 승리하였네 어린 양의 보혈로

기도 이 시간, 말씀을 통독하는 가운데 하나님의 마음과 뜻을 깨달아 알 수 있도록 지혜를 주옵소서.

마음열기 초기교회 때나 지금이나 많은 이단들이 횡행합니다. 복음을 왜곡하는 이단들의 가르침에 관해 지혜롭게 대처해본 적이 있습니까?

함께읽기 함께 베드로후서 1장을 읽어봅시다.

친해지기 베드로 사도는 그리스도의 성육신이 교묘히 만든 이야기가 아니라 실제 자신이 보고 체험한 사실임을 고백합니다. 그 한 예로 든 증거는 무엇입니까?벧후 1:16–18

말씀의 숲길로 ○●●

외부적으로는 그리스도인들이 당하는 환란과 핍박이 가중되는 현실 속에서 내부로부터 거짓 선지자들이 극성을 부리게 됩니다. 베드로후서는 이 부분을 경계할 것을 당부하는 내용입니다. 거슬러 올라가 보면 예레미야가 그의 사역 중에 그토록 힘들었던 것은 거짓 선지자들이 하나님의 이름으로 거짓말을 했기 때문입니다. 예레미야뿐이 아니었습니다. 초기교회도 거짓 선지자들로 인해 많은 어려움을 겪습니다. 기독교의 탈을 쓰고 있는 것 같은데 끝이 다른 것, 즉 이단(異端)들입니다.

그들은 하나님의 말씀을 알려준다고 하면서 거짓을 진리처럼 바꾸어 그럴 듯하게 꾸미고, 그것이 마치 옳은 것처럼 가르치는 자들입니다. 성도들을 거짓으로 인도하는 그들의 가르침은 결국 진리 되신 주님께마저도 대항하는 데까지 나아갑니다. 베드로는 그런 거짓 교사들의 가르침에 대해서 경고하고 있습니다.

"그러나 백성 가운데 또한 거짓 선지자들이 일어났었나니 이와 같이 너희 중에도 거짓 선생들이 있으리라 그들은 멸망하게 할 이단을 가만히 끌어들여 자기들을 사신 주를 부인하고 임박한 멸망을 스스로 취하는 자들이라 여럿이 그들의 호색하는 것을 따르리니 이로 말미암아 진리의 도가 비방을 받을 것이요 그들이 탐심으로써 지어낸 말을 가지고 너희로 이득을 삼으니 그들의 심판은 옛적부터 지체하지 아니하며 그들의 멸망은 잠들지 아니하느니라" 벧후 2:1-3

또한 예수님께서 승천하신 후 얼마간의 시간이 지난 후, 교회에는 예수님의 사역을 의심하는 이들이 생겨나게 되었습니다. 그러나 베드로는 예수님의 사역과 십자가 죽음, 그리고 부활이 누군가가 거짓말로 만들어낸 이야기가 결코 아니라고 확실히 잘라 말합니다. "우리 주 예수 그리스도의 능력과 강림하심을 너희에게 알게 한 것이 교묘히 만든 이야기를 따른 것이 아니요 우리는 그의 크신 위엄을 친히 본 자라" 벧후 1:16

또한 성경을 억지로 풀다가 잘못되기 쉬우니 억지로 성경의 예언을 사사로이 풀지 말라"고 충고합니다.

"먼저 알 것은 성경의 모든 예언은 사사로이 풀 것이 아니니 예언은 언제든지 사람의 뜻으로 낸 것이 아니요 오직 성령의 감동하심을 받은 사람들이 하나님께 받아 말한 것임이라" 벧후 1:20-21

"또 그 모든 편지에도 이런 일에 관하여 말하였으되 그 중에 알기 어려운 것이 더러 있으니 무식한 자들과 굳세지 못한 자들이 다른 성경과 같이 그것도 억지로 풀다가 스스로 멸망에 이르느니라" 벧후 3:16

세상은 물론이요, 교회에서도 거짓 교사들의 유혹이 쉬지 않는 가운데 성도들은 어떻게 예수 그리스도에 대한 믿음을 지켜갈 수 있을까요? 베드로는 예수 그리스도의 구원 능력은 그분의 사역을 통해 확실하게 드러나기에, 그 누구도 부인할 수 없음을 계속 강조하고 있습니다. 베드로는 이제 그 유혹을 이길 수 있는 비결에 관해 말합니다. 그것은 하나님의 약속을 기억하는 것입니다.

> "사랑하는 자들아 내가 이제 이 둘째 편지를 너희에게 쓰노니 이 두 편지로 너희의 진실한 마음을 일깨워 (　　　　) 나게 하여 곧 거룩한 (　　　　)들이 예언한 말씀과 주 되신 구주께서 너희의 사도들로 말미암아 명하신 것을 (　　　　)하게 하려 하노라" 벧후 3:1-2

성경 전체의 숲에서 볼 때 하나님께 대한 믿음을 가진 모든 사람에게 사탄은 유혹과 훼방의 손길을 뻗쳤습니다. 아담을 유혹했고, 노아 시대 백성들을 넘어뜨렸으며, 발람을 불법으로 인도했습니다. 그러나 하나님은 노아를 구원하셨고, 이스라엘을 애굽에서 건져내셨습니다. 오늘날에도 역시 수많은 유혹에도 불구하고, 끝까지 믿음과 의를 지키는 사람들, 성경을 기준으로 든든하게 서서 거짓을 분별하는 지혜를 갖춘 이들을 하나님은 영원한 구원과 안식으로 인도하실 것입니다. 우리의 마음을 새롭게 할 수 있는 유일한 길은 하나님의 약속인 성경 말씀을 묵상하는 것에 있습니다.

αΩ 원어해설

에이레네 *εἰρήνη*

: **평강 (벧후 3:14)** / '에이레네'의 기본 개념은 본래 '전쟁의 부재', '평화의 상태'를 의미한다. 평화는 복된 번영을 가져오도록 법과 질서가 유지되는 상태이다. 베드로후서 3장 14절에서는 최종적 성취의 상태, 곧 새로운 피조물의 정상적 상태를 가리키며, 이는 온전한 구원을 의미한다.

하나님의 약속을 바라보며 하루하루를 인내하는 사람들에게 거짓 교사들은 "재림은 오지 않는다"고 속입니다. 그 말을 듣는 사람들 중에는 삶이 힘들고 지치기에 약속이 더디 오는 것처럼 느껴지는 경우도 있었을 것입니다. 그러나 베드로는 하나님께서 약속하신 구원의 날이 반드시 임할 것이라고 다시 일깨워줍니다. 약속은 더디더라도 반드시 이루어집니다. 하나님께서 약속하셨고 그분께서 이루실 것이기 때문입니다. 벧후 3:8-13

"사랑하는 자들아 주께는 하루가 천 년 같고 천 년이 하루 같다는 이 한 가지를 잊지 말라 주의 약속은 어떤 이들이 더디다고 생각하는 것 같이 더딘 것이 아니라 오직 주께서는 너희를 대하여 오래 참으사 아무도 멸망하지 아니하고 다 회개하기에 이르기를 원하시느니라 그러나 주의 날이 도둑 같이 오리니 그 날에는 하늘이 큰 소리로 떠나가고 물질이 뜨거운 불에 풀어지고 땅과 그 중에 있는 모든 일이 드러나리로다" 벧후 3:8-10

하나님의 본심은 당신을 따르는 이들을 힘들게 하시려는 것이 아닙니다. 단 한 사람이라도 더 멸망당하지 않게 하시려고 참고 기다리시는 것입니다. 믿는 자들뿐만 아니라 믿지 않는 이들까지도 사랑하고 아끼시며 하루하루를 참아 기다리시는 그분의 사랑의 깊이는 한이 없습니다.

보석찾기 ○●●

유혹을 이긴 사람들로 베드로가 예를 든 사람들이 누구인지 베드로후서 2장 5-7절에서 찾아 적어봅시다.

마음나누기 ○●●

베드로는 박해는 잠깐 있는 고통이라고 보았습니다. 당신의 경우는 어떠했습니까? 혹은 박해를 견뎌내고 끝내 승리한 사람들의 이야기를 찾아 나눠봅시다.

기도 ○●●

신실하신 하나님, 세상은 날이 갈수록 사랑이 식어가고 있지만, 오직 주님의 사랑만은 변함없이 저희를 감싸고 계심에 감사드립니다. 약속의 말씀에 근거한 굳건한 신앙을 유지함으로써 말세에 일어나는 거짓 선지자들과 이단들의 유혹을 분별하게 하옵소서.

나무 231

믿음을 위한 투쟁

유 1장

찬양

찬송가 – 394장 · 주를 앙모하는 자
찬 양 – 승리관을 쓰신 주님

기도

이 시간, 말씀을 통독하는 가운데 하나님의 마음과 뜻을 깨달아 알 수 있도록 지혜를 주옵소서.

마음열기

믿음을 지키기 위해, 바른 진리를 수호하기 위해, 불의한 세력들과의 투쟁을 감수해야 했던 믿음의 선배들의 예를 찾아봅시다.

함께읽기

함께 유다서 1장을 읽어봅시다.

친해지기

유다서는 거짓 교사들의 속성과 악행에 대하여 언급하면서 하나님께서 악한 자들을 궁극적으로 심판하실 것임을 밝히고 있습니다. 거짓 교사들은 무엇으로 비유되고 있습니까?

유다서는, 교회가 박해를 받고 성도들 가운데 배교하는 이들이 생기는 영적 싸움의 현장 가운데에서 어떻게 믿음을 굳게 지킬 수 있는지를 교훈하는 귀한 말씀입니다. 이 시기 교회공동체는 큰 시련을 맞습니다. 바로 이때 복음을 위해 고난 받고, 때로는 순교까지 당하는 일을 믿음의 관점으로 바라볼 수 있도록 돕는 내용이 유다서에 들어 있습니다.

αΩ 원어해설

엘레오스 *ἔλεος*
: 긍휼 (유 1:2) / '엘레오스'는 '자비', '불쌍히 여김', '동정'을 의미한다. '엘레오스'는 종종 하나님이 우리에게 요구하시는 태도를 가리키며, 하나님의 '엘레오스'는 그의 은혜로운 신실성을 가리킨다. 로마서 9장 22-23절에서 하나님의 '엘레오스'에 반대되는 것은 하나님의 진노이다.

그리스도인들에게 '고난'이라는 주제는 예수님께서 다시 오시는 날까지 떨쳐버릴 수 없는 것인가 봅니다. 교회가 어려움에 처하게 되었고, 그들이 쉽지만은 않은 싸움을 싸우고 있다는 소식이 유다에게 들려 왔습니다. 이에 유다는 믿음의 도를 지키기 위해 악한 세력과 힘써 싸우라고 권면합니다.

유다는 거짓 교사들에게 화가 있을 것을 선포하며, 그들의 죄가 이전에 시기와 질투로 동생 아벨을 죽인 가인,[창 4장] 불의의 삯을 탐하였던 발람,[민 22장] 모세에게 대항하였던 고라[민 16장]의 패역함과 같다고 이야기합니다.[유 11절] 또한 그들을 애찬(愛餐)의 암초, 자기 몸만 기르는 목자, 바람에 불려가는 물 없는 구름, 죽고 또 죽어 뿌리까지 뽑힌 열매 없는 가을나무, 수치의 거품을 내뿜는 바다의 거친 물결, 캄캄한 흑암으로 돌아갈 유리하는 별들에 비유합니다.[유 12-13절] 이들은 원망하는 자며 불만을 토하는 자들이며 그 정욕대로 행하는 자들이며, 그 입으로 자랑하는 말을 하며 이익을 위하여 아첨하는 자들입니다.[유 16절] 유다는 예수 그리스도의 사도들이 이미 했던 말들을 기억함으로써 이러한 거짓 교사들을 따라 잘못된 길로 들어서지 말라고 이야기합니다.

> "사랑하는 자들아 너희는 우리 주 예수 그리스도의 사도들이 미리 한 말을 ( )하라 … 사랑하는 자들아 너희는 너희의 지극히 거룩한 ( ) 위에 자신을 세우며 성령으로 기도하며 하나님의 사랑 안에서 자신을 지키며 영생에 이르도록 우리 주 예수 그리스도의 ( )을 기다리라"[유 17, 20-21]

성경 전체의 숲에서 볼 때 예수 그리스도의 부활 사건은 그를 믿는 모든 이들이 이미 승리하였다는 중요한 의미를 가지고 있습니다. 그러나 싸움이 완결된 것은 아닙니다. 그래서 서로의 격려와 기도가 필요하고 자신의 의지와 노력이 필요합니다. 그렇지만 아무리 싸움이 치열해도 변할 수 없는 사실은 모든 그리스도인들이 결국에는 예수 그리스도의 승리에 동참할 것이라는 사실입니다.

보석찾기 ○●●

예수 그리스도의 사도들이 마지막 시대의 특징을 이야기하고 있습니다. 그 특징을 유다서 17-19절에서 찾아 적어봅시다.

마음나누기 ○●●

당신은 믿음을 지키기 위해서 어떠한 투쟁도 감당할 수 있겠습니까? 유다서의 말씀을 통해 도전받은 바와 마음의 결심들을 적어봅시다.

기도 ○●●

신실하신 하나님, 어려움 속에서도 주님을 붙잡게 하신 은총에 감사드립니다. 저희가 어떠한 상황에 처하든지 믿음과 사랑 안에서 소망을 붙잡게 하시고, 신실하고 거룩한 삶을 살게 하옵소서. 거짓된 가르침에 미혹되지 아니하며 흔들림 없는 믿음으로 굳건히 서게 하옵소서.

숲이야기 3

하나님 사랑, 이웃 사랑

요한일 · 이 · 삼서

나무 232

하나님은 사랑이시라

요일 1-5장

찬양 **찬송가 –** 416장 · 하나님은 외아들을
찬 양 – 나를 향한 주의 사랑

기도 이 시간, 말씀을 통독하는 가운데 하나님의 마음과 뜻을 깨달아 알 수 있도록 지혜를 주옵소서.

마음열기 당신은 사랑을 아십니까? 당신은 하나님을 아십니까?

함께읽기 함께 요한일서 4장을 읽어봅시다.

친해지기 요한일서의 중심주제는 '하나님과의 교제, 이웃과의 교제' 또는 '하나님 사랑, 이웃 사랑' 이라 할 수 있습니다. 여기서 하나님과의 교제는 누구를 통해서 가능한 것입니까?

말씀의 숲길로 ○●●

요한복음과 요한일 · 이 · 삼서, 요한계시록을 쓰신 분은 사도 요한입니다. 요한의 편지에서 만날 수 있는 예수님은 세상의 생명이요, 빛이요, 사랑이십니다. 그리고 요한복음이 예수님께서 어떻게 세상의 빛으로 사셨는지를 보여준다면, 요한일서는 세상의 빛 되시는 예수님을 따르는 그리스도인들이 세상의 빛으로서의 삶을 어떻게 살아가야 하는가를 말해주고 있습니다.

예수 그리스도, 그분은 생명이십니다.요일 1:1-2 하나님 아버지와 함께 계시다가 우리에게 생명을 불어넣어 주시기 위해 오신 분입니다. 요한은 이 진리를 들었고, 보았고, 손으로 만진 것처럼 체험했다고 말합니다. 그리고 그것을 증거하여 너희에게 전한다고 반복하고 있습니다. 무엇을 위함입니까? 사귐을 위함입니다. 예수 그리스도와의 사귐이 얼마나 풍요로운지를 체험한 요한이 그 사귐을 나누기 위해 증거하고 있는 것입니다.

예수 그리스도, 그분은 빛이십니다.요일 1:5-7 하나님이 빛이시라는 말씀은 모든 신앙의 출발점입니다. 오직 예수님만이 세상의 빛입니다. 그 누구도 그분 안에 거하지 않고 자기 스스로 빛을 발할 수는 없습니다. 하나님과 사귐이 있는 자는 빛 가운데 살아갈 수 있습니다. 이러한 하나님과의 사귐은 우리의 삶을 진실하고 풍요롭게 만듭니다. 중요한 사실은

하나님의 사람들

요한
- 예수님의 사랑을 받은 자.
- 어머니의 사랑도 지극했다.
- 형제애가 좋았다 (형 야고보).
- 베드로, 야고보와 함께 예수님 생전에 특별한 경험을 많이 한다.
- 예수님의 육체적 느낌을 가장 잘 느꼈던 제자.
- 예수님께서 이 요한에게 어머니 마리아를 맡긴다.
- 요한계시록의 저자.
- 열두 제자 중에서 가장 오래 산다.

지혜창고

요한일서의 목적 / 요한일서는 성육신이 사실이라는 것과 실천이 없는 신앙 고백의 허구성을 강조하는 동시에 영지주의자들의 유해한 가르침을 반박하기 위해 쓰여졌다.

이러한 사귐의 능력이 하나님을 떠나서는 무효하다는 사실입니다.

✓ 알아두기

요한이 사용한 개념들간의 대조법	
빛	어두움
진리	거짓
사랑	미움
아버지를 사랑함	세상을 사랑함
그리스도	적그리스도
하나님의 자녀들	마귀의 자녀들
의	죄
하나님의 영	적그리스도의 영
생명	죽음

예수 그리스도, 그분은 사랑이십니다. 요한일서에는 "하나님은 사랑이심이라"요일 4:8라고 선언하는 놀라운 내용이 담겨 있습니다. 요한일서의 주제는 하나님과의 사귐, 이웃과의 사귐입니다. 요한은 신앙을 하나님과 사람과의 교제, 사람과 사람과의 교제라고 봅니다. 한마디로 '하나님 사랑, 이웃 사랑' 입니다. 교제의 완성은 사랑이라는 것입니다. 그리고 진정한 하나님과의 사귐은 우리 죄를 대신 구속하신 예수 그리스도를 통해서만 가능한 것입니다.

그런데 이 사랑에는 수고가 따릅니다. 사랑은 단순한 말이 아니라 행동으로 나타나야 합니다. 그리스도를 믿는 것은 형제들에 대한 사랑과 의를 실천할 때 드러나게 됩니다. 예수님의 사람 사랑에도 수고가 있으셨습니다. 우리들의 사랑에도 수고가 있어야 할 것입니다.

하나님의 계획

형제를 사랑하게 하는 힘 / 성경 전체의 숲에서 보면 모세와 이스라엘 백성이 경험했던 그 사랑의 하나님은 신약 시대 예수 그리스도를 통해 더욱 뚜렷하게 드러났다. 그리고 그 사랑은 교회 역사 속에서 하나님을 믿는 모든 이들의 마음 가운데 임하시어, 다시 하나님을 사랑하고 형제를 사랑하게 하는 힘이 되는 것이다.

하나님의 자녀들은 무엇이든 사랑 가운데 행해야 합니다. 요한은 사랑하지 않으면 하나님을 알지 못한 것이라고 말하고 있습니다. "사랑하지 아니하는 자는 하나님을 알지 못하나니 이는 하나님은 사랑이심이라"요일 4:8

사랑은 주는 것이지, 받는 것이 아닙니다. 성경적인 사랑이란 본질적으로 무조건적인 사랑을 말합니다. 다른 말로 옮기면, '그럼에도 불구하고' 베푸는 사랑입니다. 그리스도께서 모든 면에서 사랑의 본을 보이셨습니다. 우리도 그런 주님의 본을 따라야 합니다. 그분을 따라가는 과정 속에는 많은 수고와 훈련이 필요할 것입니다.

사도 요한은 이 편지 말미에서 하나님께로서 난 자마다 세상을 이긴다고 선언합니다.

> "무릇 하나님께로부터 난 자마다 세상을 이기느니라 세상을 이기는 승리는 이것이니 우리의 (   )이니라 예수께서 하나님의 아들이심을 믿는 자가 아니면 세상을 이기는 자가 누구냐 이는 물과 피로 임하신 이시니 곧 예수 그리스도시라 물로만 아니요 물과 (   )로 임하셨고 증언하는 이는 성령이시니 성령은 (   )니라" 요일 5:4-6

요한서신이 기록될 당시의 교회들은 많은 잘못된 가르침으로 인해 거듭된 혼란 가운데 있었습니다. 이방사회의 세계관, 인생관, 사고방식으로 기독교를 해석하면서 기독교의 진리를 파괴하는 경우도 생겼고, 또 복음을 가감하여 기독교의 순수성을 흐리는 경우도 있었습니다. 요한 사도는 이런 거짓 교사들의 가르침을 철저히 배격하고, 하나님의 사랑을 받은 성도로서 사랑의 능력으로 모든 것을 이겨내라고 역설합니다. 하나님의 사랑의 힘이면 어떤 유혹도 이겨낼 수 있기 때문입니다.

αΩ 원어해설

알레데이아 *ἀλήθεια*
: 진리 (요일 5:7) / '알레데이아'는 어원적으로 '가리워져 있지 않음'을 뜻하며, '사건의 진상'을 가리키기도 한다. 신약에서 '알레데이아'는 진리, 믿거나 의지할 수 있는 것, 참된 가르침이나 참된 믿음, 하나님의 계시나 실체 등을 의미한다.

"사랑하는 자들아 영을 다 믿지 말고 오직 영들이 하나님께 속하였나 분별하라 많은 거짓 선지자가 세상에 나왔음이라 이로써 너희가 하나님의 영을 알지니 곧 예수 그리스도께서 육체로 오신 것을 시인하는 영마다 하나님께 속한 것이요 예수를 시인하지 아니하는 영마다 하나님께 속한 것이 아니니 이것이 곧 적그리스도의 영이니라 오리라 한 말을 너희가 들었거니와 지금 벌써 세상에 있느니라 자녀들아 너희는 하나님께 속하였고 또 그들을 이기었나니 이는 너희 안에 계신 이가 세상에 있는 자보다 크심이라" 요일 4:1-4

우리의 싸움은 결과를 확신해도 좋은 싸움입니다. 신약의 숲에서 본다면, 예수 그리스도를 통한 이 승리의 확신을 가졌기에, 초기교회 성도들은 그 수많은 고난과 유혹을 인내하며 다시 오실 예수 그리스도를 기다릴 수 있었습니다.

요한은 본서를 기록한 목적을 분명히 언급하고 있습니다. 그것은 성도들에게 영생이 있음을 알게 하려는 것입니다. 요한일서에서 분명히 보여주는 성경의 주제는 예수님을 믿는 자는 구원을 얻는다는 것, 즉 영생이 주님께 있다는 것입니다. "내가 하나님의 아들의 이름을 믿는 너희에게 이것을 쓰는 것은 너희로 하여금 너희에게 영생이 있음을 알게 하려 함이라" 요일 5:13 하나님의 아들을 믿는 자에게는 영생이 있고 믿지 않는 자에게는 영생이 없습니다. 세상에는 많은 사상과 신념이 넘쳐나지만 정작 우리에게 구원과 영생을 주는 방도는 오직 예수님뿐입니다.

보석찾기 ○●●

서로 사랑하면 어떤 놀라운 일이 일어납니까? 요한일서 4장 12-13절에서 찾아 적어봅시다.

마음나누기 ○●●

사도 요한은 "자녀들아 우리가 말과 혀로만 사랑하지 말고 행함과 진실함으로 하자"요일 3:18라고 권고합니다. 이 말씀에 대한 깨달음과 실천목표를 적어봅시다.

기도 ○●●

생명이요 빛이요 사랑이신 주님, 하나님의 사랑이 예수 그리스도를 통해 우리에게 입증된 것처럼 우리의 사랑도 행함으로 입증되게 하소서. 거짓 없는 사랑, 진실한 사랑을 실천하는 자들이 되게 하옵소서.

나무 233

사랑과 진리의 조화

요이 1장

찬양 **찬송가 –** 517장 · 생명 진리 은혜 되신
찬　양 – 주 이름 큰 능력 있도다

기도 이 시간, 말씀을 통독하는 가운데 하나님의 마음과 뜻을 깨달아 알 수 있도록 지혜를 주옵소서.

마음열기 당신은 사랑에도 분별력이 필요하다는 점을 느껴본 적이 있습니까?

함께읽기 함께 요한이서 1장을 읽어봅시다.

친해지기 요한이서는 그리스도의 신성은 강조하지만 육체로 오신 예수님에 대해서는 부정하는 영지주의 거짓 교사들의 가르침을 경고한 내용입니다. 사도 요한은 이러한 자들에 대해 성도들이 어떻게 대해야 한다고 당부하고 있습니까?

요한이서는 어떤 부녀에게 보내는 개인적 서신으로 보입니다. 진리 가운데 행하며 하나님의 계명을 충실히 지키며 사는 사람일지라도 흔들릴 수 있습니다. 그 당시 초기교회에는 영지주의자들의 가르침이 유행하여 그리스도인들을 넘어지게 하고 있었습니다.

"미혹하는 자가 세상에 많이 나왔나니 이는 예수 그리스도께서 육체로 오심을 부인하는 자라 이런 자가 미혹하는 자요 적그리스도니 너희는 스스로 삼가 우리가 일한 것을 잃지 말고 오직 온전한 상을 받으라" 요이 1:7-8

그들은 예수님의 신성에 대해서 너무 강조한 나머지, 육체로 오신 예수님을 무시해 버리는 자들입니다. 예수님께서 그 귀하신 몸으로 사람들을 만지시고 끌어안으신 것을 무시해 버리고 예수님의 신성만 강조하는 사람들이지요. 이미 택함을 받아 주의 자녀가 된 성도들이 바로 이런 거짓 가르침으로부터 자신을 지켜야 한다고 당부하는 내용이 바로 요한이서의 내용입니다.

거짓 가르침을 믿는 사람들은 '하나님 없는' 공허한 생활을 합니다. 이들은 하나님께 속한 자들이 아닙니다. 요한은 성도들에게 이미 배운 그리스도의 가르침을 배척하는 어느 누구도 자기 집으로 받아들이지 말도록 경고하고 있습니다.

αΩ 원어해설

코스모스 *κόσμος*
: 세상 (요이 1:7) / '코스모스'의 본뜻은 '건설이나 설립', '질서', '배열', '세계'이다. 신약에서는 우주, 즉 피조물 전체인 세계란 뜻으로 가장 많이 사용되었고, 특별히 사람들이 사는 영역으로서의 세계란 뜻으로 사용되었다. 종교적으로 '코스모스'는 인간 세상 곧 타락한 피조물과 구원의 대상으로서의 세계를 의미하는데, 세상은 하나님의 피조물이기 때문에 하나님은 세상의 통치자요 심판자이시다. 동시에 '코스모스'는 구원의 현장이며, 그리스도는 세상의 구주이시다.

"누구든지 이 교훈을 가지지 않고 너희에게 나아가거든 그를 ( )에 들이지도 말고 ( )도 하지 말라 그에게 인사하는 자는 그 악한 일에 ( )하는 자임이라" 요이 1:10-11

요한은 그리스도인이 마땅히 형제를 사랑해야 한다는 말씀과 함께, 바른 진리를 따르지 않고 예수 그리스도를 부인하는 이들에게는 단호하게 대처하라고 합니다. 그래야 진리의 능력이 교회 안에 지속될 수 있기 때문입니다. 그래서 우리는 다른 그리스도인들과 사귐을 가지긴 해야 하나, 거짓 교사들과는 어떠한 사귐도 가져서는 안 되는 것입니다.

사랑과 공의, 이 양자는 상반된 주제가 아닙니다. 사랑이 있어야 공의가 바로설 수 있고, 공의가 있어야 사랑이 아름다울 수 있습니다. 사랑에도 분별력이 있어야 합니다. 사랑이란 우둔하게 아무 생각 없이 '무엇이든 누구든' 받아들이는 것이 아닙니다. 성경적인 사랑이란 바로 선택의 문제입니다. 분별력이 없는 사랑을 가지고 인생을 살아가는 것은 어리석을 뿐만 아니라 위험한 것입니다.

☑ 알아두기

영지주의 / 영지주의는 물질은 원래 악한 것이므로 거룩한 것을 인간의 육체에 가질 수 없다고 가르쳤다.
또 다른 이단의 가르침은 가현설(假現設)로서, 그리스도께서 인간의 모습으로 가현(假現)했다고 주장한다.
이상의 두 이단의 입장은 결과적으로 같은 것이며, 예수님의 성육신하심을 부인하고 있다. 영지주의자들은 그들이 '숨겨진 지식'을 이해하게 되면 자신들은 영적 특권층이 되기 때문에 일반적으로 옳고 그른 것 사이의 구분을 뛰어넘는다고 믿었다.

보석찾기 ○●●

적그리스도의 특징을 요한이서 7절에서 찾아 적어봅시다.

마음나누기 ○●●

당신은 진리의 능력에 기반하여 사랑과 그 사랑의 분별력을 함께 가지고 있습니까?

기도 ○●●

사랑이요 진리이신 주님, 마지막 때가 가까워올수록 악한 세력들이 하나님의 교회를 파괴하기 위하여 거짓 교훈을 많이 퍼뜨립니다. 이러한 때일수록 거짓된 미혹에 빠지지 않고 오직 진리와 사랑이신 예수님만 따라가게 하옵소서.

나무 234

칭찬받을 만한 사람

요삼 1장

찬양 **찬송가 –** 507장 · 주님의 마음을 본받는 자
찬 양 – 너는 시냇가에 심은 나무라

기도 이 시간, 말씀을 통독하는 가운데 하나님의 마음과 뜻을 깨달아 알 수 있도록 지혜를 주옵소서.

마음열기 당신이 주변 사람들에게 자주 하는 축복의 인사말은 무엇입니까?

함께읽기 함께 요한삼서 1장을 읽어봅시다.

친해지기 요한삼서는 사도 요한이 가이오란 사람에게 보낸 편지입니다. 요한은 그의 편지에서 가이오를 칭찬하였는데, 그가 행한 칭찬받을 만한 일은 무엇이었습니까?

말씀의 숲길로 ○●●

"사랑하는 자여 네 영혼이 잘됨 같이 네가 범사에 잘되고 강건하기를 내가 간구하노라" 요삼 1:2

가이오가 누구이기에 이렇게 풍성한 축복을 받고 있습니까?

당시 전도인들은 많은 어려움을 겪어야 했습니다. 주변 사람들로부터의 방해와 핍박 외에도 일상적으로 부딪치는 여러 가지 어려움들이 적지 않았습니다. 지금처럼 여행 문화가 발달되어 있지 않았던 때이니, 하룻밤 어딘가에서 머무는 것, 한 끼 식사를 해결하는 것 등 이런저런 일들이 모두 쉽지 않았습니다. 그런데 가이오라는 분은 자신의 집을 개방해서 자기 지방에 전도인들이 오면 그를 자신의 집에 초대하여 편히 쉬게 하고, 복음 안에서 격려와 위로의 힘을 주는 가운데, 그 전도인이 다시 힘을 내어 전도하러 떠날 수 있도록 도와준 것입니다. 바로 주님의 복음을 위해서 나그네 된 전도자들을 힘껏 섬기고 환대한 것입니다.

> "사랑하는 자여 네가 무엇이든지 형제 곧 (　　　　　　) 된 자들에게 행하는 것은 신실한 일이니 그들이 (　　　　　) 앞에서 너의 사랑을 증언하였느니라 네가 (　　　　　　)께 합당하게 그들을 전송하면 좋으리로다" 요삼 1:5-6

이 모든 일이 교회에 큰 덕을 세우고, 더군다나 복음을 전하는 일에 지대한 영향을 미쳤습니다. 가이오 집에 머문 경험

☑ 알아두기

가이오 / 가이오란 이름은 로마 제국 당시 흔한 이름이었다.

1. 바울의 여행 동역자 중 한 사람으로 마게도냐 출신인 가이오(행 19:29)
2. 더베 사람 가이오 (행 20:4)
3. 사울이 세례를 베푼 고린도인들 중 한 사람으로 고린도에서 바울을 접대했던 가이오(롬 16:23; 고전 1:14)
4. 요한삼서에 나오는 가이오는 소아시아에 살고 있었고, 앞의 세 사람과는 다른 인물

하나님의 사람들

가이오 / 가이오는 성도들을 섬기는 일에 열심이었던 사람이다. "저희를 전송한다"(요삼 6절)란 표현은 바로 선교사들의 수고를 돕는다는 의미다. 이 같은 도움이란 음식, 돈, 동역자 알선, 여행 수단 등을 포함한다. 복음을 위해 일하는 자들을 후원함으로써, 가이오는 진리를 위해 일하는 동역자가 된 것이다.

이 있는 사람들이 교회에 가서 그분 칭찬을 했습니다. 그 이야기를 듣고 사도 요한이 가이오에게 편지를 쓴 것입니다. 가이오라는 사람이 너무나 귀하다고 생각한 사도 요한이 기쁜 마음을 담아서 쓴 축복의 편지가 바로 요한삼서입니다.

사실 손님 치르는 일은 번거롭고 쉽지 않은 일입니다. 그런데 나그네 대접하는 일을 이처럼 즐겁게 하는 사람이라면, 영혼이 잘 되고 범사가 잘 되고 강건하기를 축복 받을 자격이 있을 만합니다. 이런 가이오의 삶의 방식을 배울 수 있다면 좋겠습니다.

또한 가이오를 향한 진정한 기대는 그가 진리 안에서 살아간다는 것입니다.[요삼 1:4] 그리스도인들에게 진리 안에서 행하는 것 이상으로 강한 목표는 없습니다. 사도 요한이 가이오를 만나기 원하는 마음도 바로 그에게 악을 버리고 선을 좇는 삶을 교훈하고 싶었기 때문입니다.

"사랑하는 자여 악한 것을 본받지 말고 선한 것을 본받으라 선을 행하는 자는 하나님께 속하고 악을 행하는 자는 하나님을 뵈옵지 못하였느니라"[요삼 1:11]

지혜창고

요한삼서의 목적

1. 진리를 수호하며 요한이 보낸 전도자들을 대접했던 가이오를 칭찬하기 위하여
2. 전도자 형제들을 계속해서 가이오가 후원하도록 격려하기 위하여
3. 디오드레베의 교만과 나쁜 행실을 책망하기 위하여
4. 데메드리오를 추천하기 위하여
5. 요한이 직접 방문하여 이러한 문제들을 직접 처리할 것을 가이오에게 통보하기 위하여

보석찾기 ○ ● ●

사도 요한이 가이오 장로를 향해 해준 축복의 말을 외워 적어봅시다.

마음나누기 ○ ● ●

사도 요한이 가이오 장로에게 한 축복을 당신이 동일하게 전해주고 싶은 사람이 있다면 누구입니까?

기도 ○ ● ●

사랑이 무한하신 하나님, 때를 따라 도우시는 은혜에 감사드립니다. 자신만을 위해 복을 구했던 이기적인 마음을 회개합니다. 가이오와 같이 하나님의 진리 가운데 행하여 사랑을 실천하는 삶을 살기 원합니다. 이웃을 돌아보는 사랑의 실천자가 되게 하옵소서.

성경통독원

BibleTongdokWon

숲과나무 성경통독은
하나님의 마음을 따라
성경 66권 전체를 읽어가는 것입니다.

숲과나무 성경통독은
성경의 숲과 나무를 살펴
성경 66권 모두를 하나님의 말씀으로 받아들이는 것입니다.

숲과나무 성경통독은
세계 역사를 경영하시는 하나님의 손길을 확신하며
성경 역사의 흐름에 따라 체계적으로 성경의 숲을 보는 것입니다.

성경통독원은
올바른 성경통독 방법의 보급과 확산을 위해
이 시대 교회, 세계의 그리스도인들과 함께하고 있습니다.